NATIONAL GEOGRAPHIC KiDS

자연 다큐 백과
**상어**

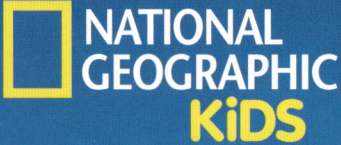

# 자연 다큐 백과
# 상어

루스 A. 무스그레이브, 데이비드 두빌레, 제니퍼 헤이즈 지음
조은영 옮김 | 장이권 감수

# 차례

소개합니다! .................................................. 6

## ❶ 상어의 세계　　　　　8
　상어가 뭐예요? ........................................... 10
　특별한 상어 시상식 ..................................... 12
　전 세계 바다를 누비는 상어들 ..................... 14
　얕은 바다에서 깊은 바닷속까지 상어의 보금자리 ..... 16
　**생생한 자연 관찰** 상어의 몸을 들여다보아요! ........... 18

## ❷ 상어의 생활　　　　　20
　상어가 세상에 나오는 법 ............................. 22
　예민하고 뛰어난 상어의 감각 기관 .............. 24
　먹는 법도 제각각 ......................................... 26
　평생 새로 돋는 상어 이빨 ........................... 28
　**찰칵! 상어 사진전** 상어를 만났어요! ................ 30

## ❸ 상어가 사는 세상　　　32
　고대부터 오늘날까지 상어 분류하기 ........... 34
　모두 나와라, 별난 상어 총출동! ................. 36
　상어는 정말 사람을 공격할까요? ................ 38
　상어 연구하기 ............................................. 40
　**상어 VS 사람** 얼마나 다를까요? ................. 42

## ❹ 재미있는 상어 정보　　44
　상어는 얼마나 빠를까요? ............................. 46
　꼭꼭 숨은 상어를 찾아보아요 ...................... 48
　인류 역사 속 상어 ....................................... 50
　가까이에서 상어 관찰하기 ........................... 52
　**탐험가가 들려주는 뒷이야기** ............................ 54

상어를 지켜 주세요 ....................................... 56
도전! 상어 박사 퀴즈를 풀며 용어를 익혀요 ..... 60
찾아보기 ....................................................... 62

힉, 갈라파고스상어의 날카로운 이빨 좀 보세요. 주로 열대 지역*의 섬 주변에서 나타난답니다.

남태평양의 어느 섬 근처에서 흑기흉상어가 헤엄치고 있어요.

# 소개합니다!

**바다를 힘차게 헤엄치는 상어는 위험하기로 소문난 동물이에요.**

하지만 사실 상어는 그렇게 위험하지 않답니다. 오히려 아주 아름답고 똑똑하지요. 뿐만 아니라 몸 전체가 바다에서 잘 살아남도록 훌륭하게 설계되었어요.

상어가 주인공인 영화를 만들 정도로 사람들은 상어에게 관심이 많아요. 하지만 정작 상어는 그 사실을 모를 거예요. 어쩌면 알면서도 크게 신경 쓰지 않을지 모르죠! 유명한 연예인처럼요.

그런데 유명하다고 다 좋은 건 아닌가 봐요. 상어가 나쁜 소문 때문에 곤란한 일들을 많이 겪고 있거든요. 이제부터 상어의 진실을 파헤치고, 어떻게 하면 상어를 위험에서 구할 수 있을지 알아볼게요!

## 탐험가 인터뷰

여러분, 안녕하세요! 제니퍼 헤이즈와 데이비드 두빌레예요. 우리는 상어를 너무 좋아해서 평생 상어의 사진을 찍고 연구하며 살았어요. 어떨 때는 물 밖보다 물속에서 더 많은 시간을 보내는 것 같답니다. 물론 힘이 들 때도 있어요. 하지만 여러분도 상어를 직접 본다면 우리가 상어를 왜 이렇게 좋아하는지 이해하게 될 거예요. 이 책의 탐험가 인터뷰 코너에서는 상어와 함께했던 이야기를 나눌 거예요. 자, 벌써 기대되지 않나요?

백상아리는 살아 있는 상어 중에서 이빨이 가장 길어요. 한 개가 무려 5센티미터나 돼요!

# 1 상어의 세계

# 상어가 뭐예요?

상어는 어류!

금붕어도 어류!

**상어는 금붕어와 같은 물고기, 즉 어류예요.**
물론 금붕어와 상어는 하나도 닮지 않아 보이죠. 그래도 커다란 이빨과 덩치를 빼고 비교한다면 꽤 비슷해 보일 거예요.
전 세계에는 3만 종이 넘는 어류가 살아요. 모두 물에 살면서 아가미로 숨을 쉬고, 대부분 비늘이 있지요. 상어도 마찬가지예요.
그런데 상어는 우리가 알고 있는 어류와 어떤 점이 다르길래 이토록 특별한 걸까요?

### 많은 아가미구멍
상어는 머리 양쪽에 아가미구멍*이 각각 5~7개씩 있어요. 금붕어는 1개씩 있어요.

### 빠지고 나기를 반복하는 이빨과 비늘
상어의 비늘과 이빨은 평생 동안 빠지고 다시 자라요.

### 물렁물렁한 뼈
상어의 뼈는 연하고 물러요. 여러분의 귀나 콧등처럼요. 금붕어같이 단단한 뼈로 이루어진 물고기를 경골어류, 상어처럼 물렁물렁한 뼈로 이루어진 물고기를 연골어류라고 불러요.

### 단단한 지느러미
상어의 지느러미와 꼬리는 단단해서 휘지도, 접히지도 않아요. 퍼덕거릴 수도 없어요.

### 비밀스러운 나이
과학자들은 뼈, 이빨, 비늘로 물고기의 나이를 알아내요. 하지만 상어는 뼈도 무르고, 이빨과 비늘도 여러 번 갈기 때문에 나이를 알아내기가 어려워요.

## 상어여서 좋은 이유
1. 인기가 많다.
2. 사납기로 소문나 누구도 함부로 건드리지 않는다.
3. 평생 이를 닦지 않아도 된다.
4. 바다에서 가장 멋진 등지느러미를 갖고 있다.
5. 나이를 잘 못 알아보니까 속일 수 있다.

**잠깐 상식!** 레드테일블랙샤크는 이름과 달리 상어가 아니에요. 경골어류인 잉어과에 속하지요.

*아가미구멍: 상어가 숨 쉴 때 물을 밖으로 내보내는 구멍.

# 특별한 상어 시상식

**전 세계 바다에는 450~500여 종의 상어가 있어요.**

대부분 깊은 바닷속에서 조용히 살아가고 있지요. 그런데 몇몇 상어는 총알만큼 빠르고 놀라운 점프 실력을 갖고 있어서 눈에 잘 띄어요. 재주 많은 특별한 상어들을 만나 볼까요?

**천둥 트림상**

스웰상어는 적의 위협을 받으면 바닷물을 삼켜서 몸 크기를 두 배로 키워요. 그러다 안전해지면 개 짖는 소리를 내면서 물을 다시 토해 낸답니다.

**빙글 빙글상**

스피너상어는 공중에서 몸을 팽이처럼 돌릴 수 있어요. 2~4바퀴를 돌면서 엄청난 힘으로 물고기 떼를 덮쳐요.

**큰 덩치상**

고래상어는 세계에서 가장 큰 상어이자 어류예요. 몸길이가 12~18미터나 되는데, 버스보다 길어요. 무게는 무려 20톤* 가까이 나간답니다. 이 정도면 무게를 재기도 전에 저울이 망가지겠지요?

*20톤= 20,000킬로그램.

**잠깐 상식!** 연필 117개를 한 줄로 세워야 고래상어 한 마리의 길이가 된답니다.

### 총알 상어상

시속 50킬로미터로 물을 가르는 청상아리는 세계에서 가장 빠른 상어예요. 소문난 수영 선수인 큰돌고래와 범고래보다도 빠르지요. 이렇게 빠른 청상아리를 따라올 천적*은 아무도 없을 거예요. 물론 사람은 예외지만요.

### 높이 뛰기상

청상아리는 수면 위로 6미터나 뛰어올라요. 기린의 키보다 더 높이 점프하지요.

### 옹기 종기상

대서양수염상어는 동굴이나 바위 틈에 옹기종기 모여서 서로 몸을 포갠 채 휴식을 취해요.

### 탐험가 인터뷰

상어는 동에 번쩍 서에 번쩍 하는 동물이에요. 백상아리만 봐도 유령처럼 나타났다가 어느 틈에 사라지곤 하지요. 그러니 상어를 안전하게 관찰하고 사진을 찍으려면 보호 철창 안에 들어가 기다릴 수밖에 없어요. 상어가 한 마리 이상일 때 철창 밖으로 나오는 건 무지 위험한 행동이랍니다!

### 꼬마 상어상

난쟁이투명상어는 길이가 17~20센티미터밖에 안 돼요. 연필 길이만 하지요. 세계에서 가장 작은 상어예요.

*천적: 먹고 먹히는 관계에서 잡아먹는 동물을 잡아먹히는 동물에 상대하여 이르는 말.

# 전 세계 바다를 누비는 상어들

## 바닷속 어디서나 상어를 만날 수 있어요.

얕은 바다든, 깊고 깊은 바다든 상어에겐 상관없지요. 상어들이 세계 어디에서 살아가고 있는지 한번 살펴볼까요?

아시아

**레오파드상어**
북아메리카의 태평양 해안을 따라 깊이 4미터 이하의 얕은 바다에서 잘 볼 수 있어요.

**삿징이상어**
일본, 중국, 대만, 베트남, 오스트레일리아 해안을 따라 살아요. 사람들에게 잘 알려지지 않은 상어예요.

태평양

**태슬드웨베공**
오스트레일리아 근처 바다의 산호초에서 살아요. 낮에 동굴 속에서 몸을 말고 있다가 안으로 들어오는 물고기를 잡아먹어요.

**가시돔발상어**
가시 같은 비늘 때문에 붙은 이름이에요. 뉴질랜드와 오스트레일리아 해안에서 떨어진 깊은 바닷속에서 볼 수 있답니다.

오스트레일리아

## 전 세계에서 만나는 상어

**백상아리**
전 세계에서 볼 수 있어요.

**레몬상어**
열대 지역의 해안을 따라 90미터 깊이의 물속에서 놀아요.

**홍살귀상어**
전 세계 얕은 바다에서 살아요.

**뱀상어**
전 세계 열대 바다부터 온대 바다까지 넓게 분포해요.

**고래상어**
전 세계 열대와 아열대, 온대 바다에서 살아요.

북극해

**그린란드상어**
북대서양과 북극의 차가운 물속에서
바닷새, 죽은 고래 등을 먹고 살아요.

유럽

**스피너상어**
지중해에서 쉽게 볼 수 있어요.

북아메리카

지중해

아프리카

대서양

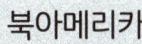

남아메리카

인도양

**대서양수염상어**
서대서양, 동대서양, 멕시코만
등 얕은 바다 밑에서 나타나요.
밤에 활발히 활동해요.

**흑기흉상어**
태평양, 인도양의 암초* 지대,
지중해 등에서 흔히 나타나요.

**파자마상어**
아프리카 대륙의 남쪽 끝에서
살아요. 먹장어, 작은 상어,
상어의 알상자*까지 먹는답니다.

**기후에 따른 바다의 구분**
- 극지방* 바다
- 온대* 바다
- 열대 및 아열대* 바다

*극지방: 남극과 북극의 주변 지역.
*온대: 한 해 평균 기온이 0~20도인 지역. 기후가 쾌적하다.
*아열대: 열대와 온대의 중간 지대. 가끔 서리가 내리지만 따뜻한
 겨울과 더운 여름이 특징이다.

남극

**잠깐 상식!** 드물긴 하지만, 바다가 아닌 강에서 살아가는 상어도 있어요.

*암초: 물속에 잠겨 보이지 않는 바위나 산호.   *알상자: 상어의 알을 감싸 보호해 주는 두껍고 질긴 껍질.

# 얕은 바다에서 깊은 바닷속까지 상어의 보금자리

0미터
10미터
20미터
30미터
40미터
50미터
60미터
70미터
80미터
90미터

## 얕은 바다가 좋아!

얕은 바다는 새끼 상어들이 무서운 적으로부터 몸을 피해 안전하게 자랄 수 있는 곳이에요. 과학자들은 멕시코 근처의 바다에서 새끼 상어를 7종이나 발견했어요.

**보닛헤드상어**

## 사람들은 바닷가에서 상어에 걸려 넘어지거나 상어를 밟을 수 있어요.

## 상어야, 산호야?

산호초에 사는 상어들은 다양한 색깔과 무늬를 띠어요. 산호초처럼 위장해서 살아남기 위해서예요.

**펍에더샤이샤크**

## 해변의 친구

흑기흉상어, 홍살귀상어 등 많은 상어들이 바닷가에 살아요. 해변에서 헤엄치며 노는 사람들은 상어와 같은 물속에 있다는 걸 눈치채지 못하지만요.

**흑기흉상어**

**잠깐 상식!** 큰투명상어는 4500미터 깊이의 깊은 바닷속에서 살아요. 제주도 한라산 높이보다 두 배 더 깊은 곳이에요.

# 숫자로 알아보아요!

**상어는 늘 우리 주위에 있어요.**
악상어, 백상아리, 고래상어 등 철새처럼 사는 곳을 옮겨 가는 상어도 있지만, 많은 상어들이 한곳에 터를 잡고 살아요.

**80 퍼센트** — 전체 바다 중 아직 사람들이 가 보지 못한 바다.

**200 여 마리** — 1976년에 처음 발견된 이후 지금까지 발견된 희귀종 넓은주둥이상어의 수.

**3800 미터** — 바다의 평균 깊이.

**11,100 킬로미터** — 2003년, 백상아리가 99일 동안 남아프리카에서 오스트레일리아까지 이동한 거리.

**181 종** — 세계자연보전연맹에서 지정한 멸종 위기에 처한 상어의 종 수.

**100,000,000 마리** — 매년 인간에게 잡혀서 죽는 상어의 수. 지난 50년 동안 전 세계 상어의 70퍼센트가 사라졌다.

## 바닷속 숲
태평양 해안을 따라 이루어진 거대한 해초 숲은 상어들이 숨거나 사냥하기에 완벽한 보금자리예요.

**레오파드상어**

## 깊은 바닷속 상어들
많은 상어들은 햇빛이 거의 없는 깊은 바닷속에서 살고 있어요. 하지만 이곳에 사는 상어들도 사람들이 함부로 잡거나 바다를 오염시키는 바람에 생명에 위협을 받고 있어요.

**넓은주둥이상어**

# 생생한 자연 관찰
# 상어의 몸을 들여다보아요!

### 간
지방으로 가득 찬 간은 에너지를 저장하고, 상어가 물에 뜨게 해요. 돌묵상어의 간은 전체 몸무게의 4분의 1이나 된답니다.

### 비늘
상어의 비늘은 뾰족한 돌기처럼 생겼어요.

### 역그늘색
동물의 몸에서 햇빛이 닿는 쪽은 어두운 색, 그늘진 부분은 밝은 색을 띠는 것을 '역그늘색'이라고 해요. 상어는 역그늘색을 띠어 다른 바닷속 동물들이 쉽게 알아채지 못해요. 물속에서 보면 하늘처럼 보이고, 물 위에서 보면 바다처럼 보이거든요.

### 피부
두꺼운 살갗과 까끌까끌한 비늘 때문에 거칠고 질겨요. 어떤 상어는 주변 환경에 맞추어 피부색을 바꾸기도 해요.

### 지느러미
상어가 위로 떠오르거나 물을 가르며 앞으로 나아갈 때 써요. 지느러미의 크기와 모양은 상어가 사는 방식마다 달라요.

## 아가미구멍
상어는 몸 양쪽에 5~7개의 아가미구멍이 있어요. 입이나 숨구멍으로 들어간 물이 아가미를 지나 아가미구멍으로 나오면서 숨을 쉬어요.

## 뇌
과학자들은 실험을 통해 상어가 사람들이 생각하는 것보다 더 똑똑하다는 사실을 밝혀냈어요.

## 눈
어떤 상어의 눈에는 사람의 눈꺼풀처럼 눈을 덮고 보호하는 '순막'이 있어요.

## 콧구멍
상어 뇌 중 절반이 넘는 부분이 냄새를 맡는 데 사용될 정도로 후각*이 발달했어요.

## 혀
상어의 혀에 어떤 쓸모가 있는지는 아직 잘 알려지지 않았어요.

## 몸매
위아래로 누른 공처럼 생겨서 물을 가르며 나아가기가 쉬워요.

### 그 밖의 구조

## 수염
먹잇감이 어디 있는지 느끼는 데 써요.

## 숨구멍
바다 밑바닥에 사는 상어들이 입을 벌리지 않고도 이걸로 숨을 쉴 수 있어요. 덕분에 입에 모래가 찰 일이 없지요.

*후각: 냄새를 맡는 감각.

# ② 상어의 생활

상어는 대부분 식성이 까다롭지만 뱀상어는 이것저것 가리지 않고 잘 먹어요. 쓰레기나 죽은 고기 같은 바다 찌꺼기까지 먹는답니다.

# 상어가 세상에 나오는 법

**상어는 태어날 때부터 혼자서 살아갈 수 있어요.**

모든 준비를 마친 사냥꾼의 모습으로 세상에 태어나지요. 입 안에는 다 자란 이빨이 한가득이에요! 그래서인지 상어는 갓 태어난 새끼를 돌보거나 알을 보호하지 않아요. 상어는 종류에 따라서 알을 낳기도 하고 새끼를 낳기도 해요. 각각 어떻게 다른지 자세히 알아볼게요.

몇몇 과학자들이 **임신한 어미 모래뱀상어를** 조사하다가 **태어나지도 않은 새끼 상어**에게 물렸어요.

곱상어의 알상자 안이에요. 가장 안쪽에 새끼 상어가 보이네요.

새끼 상어

난황* 주머니

### 난생
**(알을 낳음)**

어떤 상어들은 어미가 낳은 알 속에서 자라면서 난황 주머니에서 필요한 영양분을 얻어요. 상어의 종류와 바닷물 온도에 따라 한 달 만에 알을 깨고 태어나기도 하고, 일 년 넘게 걸리기도 해요. 괭이상어, 스웰상어가 알을 낳아요.

**잠깐 상식!** 바닷물의 온도는 알이 부화*하거나 새끼가 태어나는 데 걸리는 시간에 큰 영향을 미쳐요.

*난황: 알의 흰자에 둘러싸인 노란 부분.　　*부화: 동물의 알 속에서 새끼가 껍데기를 깨고 나오는 것.

## 노른자가 더 필요해

난황은 달걀의 노른자 같은 영양 물질이에요. 그런데 한창 자라는 새끼 상어들에게 난황에 들어 있는 영양분만으로 부족할 때가 있어요. 그래서 어떤 새끼 상어는 제 난황을 다 먹은 뒤 엄마 몸속에 있는 다른 알까지 먹어 치워요. 아예 새끼에게 먹일 특별한 알을 낳는 어미 상어도 있어요. 모래뱀상어는 더 무시무시해요. 어미의 배 속에서 10센티미터 정도 자라면 형제들끼리 서로 잡아먹어요. 든든히 먹고 살아남은 새끼 상어는 태어날 때 이미 몸길이가 어미의 절반 가까이 자라 있답니다.

## 숫자로 알아보아요!

**6센티미터** — 갓 태어난 난쟁이투명상어의 몸길이.

**24개월** — 상어가 가장 오랫동안 임신한 기간.

**60센티미터** — 갓 태어난 고래상어의 몸길이.

**135마리** — 어미 청새리상어가 한 번에 가장 많이 낳은 새끼의 수. 보통 25~35마리를 낳는다.

**300개** — 어미 고래상어 한 마리가 몸속에 최대로 품을 수 있는 알의 개수.

### 태생 (새끼를 낳음)

포유류처럼 태아*가 어미의 몸속에서 영양분을 얻으며 성장하다 어느 정도 자라면 태어나요. 청새리상어, 귀상어 등이 새끼를 낳지요.

*태아: 어미의 몸속에 있는, 앞으로 태어날 몸체.

### 난태생

알이 어미의 몸속에서 부화한 다음 완전히 크고 나면 세상에 나와요. 고래상어, 곱상어 등이 그렇게 태어나요.

어미 레몬상어와 갓 태어난 새끼 레몬상어예요. 레몬상어는 태생이에요.

# 예민하고 뛰어난 상어의 감각 기관

**바닷물이 잔잔하게 흐르고, 빛이 적당히 비춘다면 상어는…**

- 250미터 떨어진 먹잇감의 소리를 들어요.
- 1킬로미터 떨어진 곳에서 나는 피 냄새를 맡아요.
- 15미터 떨어진 곳에서 움직이는 물체를 보아요.
- 제 몸길이의 1~2배 정도 떨어진 곳에서 움직이는 동물을 느껴요.
- 50센티미터 떨어진 곳에 숨어 있는 동물을 감지해요.

**상어는 주변의 소리, 냄새, 움직임에 예민하게 반응해요.**

뿐만 아니라 사람이 느끼지 못하는 것까지 세밀하게 느낄 수 있지요. 만약 상어의 관심을 끌고 싶다면 다친 사람처럼 수영해 보세요. 그럼 분명 상어가 사냥하기 쉬운 먹잇감인 줄 알고 다가올 테니까요. 그럼 이제 상어가 주변을 느끼는 감각이 얼마나 대단한지 확인해 볼까요?

### 옆줄

액체가 차 있는 관이에요. 상어의 아가미구멍에서 꼬리 앞까지 길게 이어지지요. 옆줄은 물속에서 주변의 움직임을 느껴요. 옆줄과 후각이 함께 작동되면 다른 물고기가 움직일 때 생기는 잔물결과 냄새를 추적할 수 있답니다.

**잠깐 상식!** 백기흉상어와 장완흉상어는 머리를 물 밖으로 내밀어 공기의 냄새를 맡아요.

### 로렌치니 기관
생물의 몸에서 나오는 미세한 전류를 느끼는 기관이에요. 상어 코와 주둥이 주변에 주근깨처럼 나 있지요. 덕분에 모래 속에 숨어 있는 먹잇감도 얼마든지 찾아내요.

### 눈
빛이 있을 때 상어와 사람의 시력은 거의 같아요. 하지만 어둠 속에서는 상어가 사람보다 10배나 더 빛에 민감해요. 특히 눈동자 안쪽에 '휘판'이라는 반사 세포가 있어서 희미한 빛을 더 밝게 볼 수 있도록 해 줘요.

### 콧구멍
상어의 후각은 사람보다 1만 배 더 뛰어나요! 바닷물의 흐름을 이용해 아주 멀리 있는 것의 냄새도 잘 맡아요.

### 혀
상어는 다른 감각에 비해 맛에 둔감해요. 사냥감을 찾을 때 미각이 별로 중요하지 않기 때문이지요. 어떤 상어는 냄새로 먹잇감을 찾거나, 먹잇감을 깨물어 보고 먹을 수 있는지 판단한답니다.

### 탐험가 인터뷰
상어는 대비*가 강한 색깔을 아주 잘 봐요. 그래서 우리는 특히 노란색 옷을 조심하지요. 밝은색일수록 어두운 바닷속에서 더 잘 보이거든요. 짙은 색의 잠수복을 입을 때에도 손과 다리까지 모두 가려야 해요. 번쩍거리는 물고기처럼 보이면 안 되니까요! 상어는 종종 우리가 들고 있는 조명을 물기도 해요. 하지만 딱딱한 플라스틱 맛을 보고 나면 바로 흥미를 잃고 떠나요.

*대비: 서로 다른 것을 나란히 놓고 그 차이를 비교하는 것.

## 상어는 무엇을 먹나요?

바다표범이나 고래처럼 큰 먹잇감을 사냥하는 상어들도 있지만, 대부분 훨씬 작은 먹이를 잡아먹고 살아요. 상어들의 식사 메뉴를 한번 볼까요?

1. 상어
2. 전복
3. 멸치류
4. 전자리상어
5. 꼬치고기류
6. 돌묵상어
7. 새치류
8. 가다랑어류
9. 파란농어
10. 청새리상어
11. 병어
12. 순록
13. 두툽상어류
14. 은상어류
15. 대구
16. 산호
17. 소코가오리
18. 게
19. 민어류
20. 갑오징어류
21. 돔발상어
22. 돌고래
23. 매가오리류
24. 뱀장어류
25. 퉁소상어
26. 코끼리바다표범
27. 가자미류
28. 넙치류
29. 물개류
30. 쓰레기
31. 대왕오징어
32. 새끼 귀신고래
33. 벤자리류
34. 가래상어류
35. 민대구류
36. 광어류
37. 귀상어
38. 잔점박이물범
39. 소라게
40. 청어
41. 투구게
42. 까치상어
43. 해파리
44. 크릴
45. 란도어류
46. 비늘치류
47. 랜턴상어
48. 매통이류
49. 바닷가재
50. 도치류
51. 고등어
52. 청상아리
53. 청새치
54. 숭어류
55. 동갈치
56. 펭귄
57. 개복치
58. 문어
59. 굴
60. 비늘돔류
61. 북대서양대구류
62. 가시복류
63. 쇠돌고래류
64. 참복류
65. 가오리류
66. 빨판상어류
67. 쏨뱅이류
68. 돛새치류
69. 연어류
70. 정어리
71. 붉은쏨뱅이
72. 꺽정이류
73. 해마
74. 바닷새
75. 말미잘
76. 바다사자
77. 성대류
78. 바다뱀류
79. 멍게
80. 바다거북
81. 성게
82. 바다표범
83. 새우
84. 홍어
85. 가다랑어
86. 바다빙어류
87. 달팽이
88. 퉁돔류
89. 오징어
90. 얼게돔류
91. 도화돔류
92. 서대기류
93. 무지개송어
94. 양쥐돔
95. 황새치
96. 줄농어
97. 참치류
98. 새끼 고래
99. 명태류
100. 놀래기

상어는 사람을 즐겨 먹지 않아요. 상어가 사람을 무는 건 어디까지나 실수예요.

**잠깐 상식!** 상어를 잡아먹는 동물 대부분은 바로 상어랍니다.

# 먹는 법도 제각각

## 상어는 종마다 먹이와 사냥법이 다 달라요.

몸집, 몸의 생김새, 이빨 크기에 따라 사냥법이 달라지거든요. 어떤 상어는 정어리, 고등어, 멸치, 청어 떼를 보면 진수성찬이라고 생각해요. 악상어나 미흑점상어는 물고기 떼를 헤집고 다니며 게걸스럽게 먹이를 먹지요. 청상아리나 흑기흉상어는 물고기 떼를 가운데로 몰아서 잡아먹어요.

### 먹이를 찾아요!
귀상어는 모래 속에 숨어 있는 먹잇감을 찾기 위해 로렌치니라는 특수한 감각 기관을 이용해요. 마치 살아 있는 탐지기처럼 바닥을 훑고 다닌답니다.

### 걸러 먹기

고래상어, 돌묵상어, 넓은주둥이상어는 입을 크게 벌려 물고기나 플랑크톤을 물이랑 같이 들이마셔요. 먹잇감만 삼키고 물은 아가미를 통해 빠져 나오지요.

### 숨바꼭질 왕

수염상어들은 바다 밑바닥에 몸을 숨기고 있다가 먹잇감이 가까이 다가오면 확 낚아채요. 몸 색깔이 바다 밑바닥이랑 비슷해서 눈에 띄지 않지요.

### 기습 공격!

백상아리와 뱀상어는 어둠 속 깊이 몸을 숨기고 물고기, 바다표범, 거북이 등 먹잇감의 그림자가 보일 때까지 기다려요. 그러다가 머리 위로 먹잇감이 지나가면 재빨리 위로 올라가서 공격하지요.

## 턱이 빠지도록 크게!

어떤 상어는 입을 무지무지 크게 벌릴 수 있어요. 진짜로 턱이 빠진다니까요! 상어의 턱뼈는 머리뼈와 느슨하게 이어져 있거든요. 또 이빨도 턱뼈에 깊이 박혀 있지 않지요. 그래서 먹잇감을 물 때 위턱과 아래턱이 분리되어 입을 크게 벌릴 수 있어요. 사냥을 하다가 이빨이 빠져도 금세 새 이빨이 밀려 나와요.

## 날카로운 이빨

모래뱀상어는 날카로운 이빨로 청어, 도미, 뱀장어, 가다랑어처럼 딱딱한 뼈가 있는 물고기를 잡아먹어요.

**잠깐 상식!** 과학자들은 상어의 이빨 자국만 보아도 어떤 상어인지 알아낼 수 있어요.

# 평생 새로 돋는 상어 이빨

**상어는 평균 300개 정도의 이빨이 나 있어요.**
하지만 오랫동안 계속 사용하는 이빨은 하나도 없어요. 상어는 평생 3만 개의 이빨이 빠지고 새로 난답니다. 앞 열의 이빨이 빠지면 안쪽에 있던 이빨이 앞으로 나와요. 종에 따라 다르지만 보통 이빨 한 개를 일주일에서 몇 개월 정도 사용해요. 상어는 먹이를 씹지 않아요. 통째로 또는 한꺼번에 많은 양을 꿀꺽 삼키지요. 하지만 먹잇감에 따라서 자르거나 찢거나 뜯거나 으스러뜨리는 용도로 이빨을 사용하기도 해요.

### 휙 낚아채기

청상아리는 창처럼 생긴 이빨로 빠르게 헤엄치는 황새치나 참치를 낚아채요.

### 잘근잘근 부수기
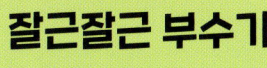
뿔상어는 앞니로 먹잇감을 붙들고, 뒤 이빨로 잘게 부숴요. 주로 게, 새우, 성게, 불가사리, 작은 물고기 등을 먹고 살지요.

### 큰 녀석도 문제없어!
백상아리의 뾰족한 이빨은 가장자리가 톱니처럼 삐죽삐죽해요. 이 이빨로 바다표범이나 바다사자처럼 덩치가 큰 먹잇감을 사냥해요.

### 한 입이면 충분해
48센티미터짜리 검목상어는 고래, 참치, 청새치 등을 사냥해요. 그런데 특이하게도 먹이를 통째로 먹는 대신 한 입만 베어 물고 말아요. 먹잇감에 입술을 꽉 붙인 다음 이빨로 구멍을 뚫어 작은 동그라미 모양의 상처를 남긴답니다.

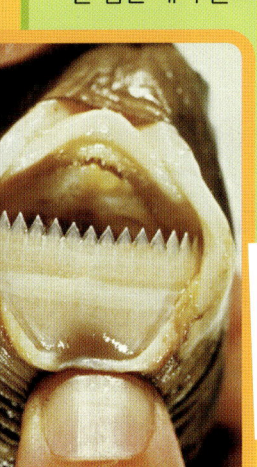

## 숫자로 알아보아요!

**3 밀리미터** — 고래상어 이빨의 크기.

**8~10 일** — 상어의 이빨이 새로 자라는 데 걸리는 시간.

**3000 개** — 고래상어 입 속에 있는 작은 이빨의 개수.

**30,000 개** — 상어 한 마리가 평생 동안 갈아 치우는 이빨 개수.

# 찰칵! 상어 사진전
# 상어를 만났어요!

**상어는 모양도 크기도 다양해요.**
그만큼 세상에는 멋진 상어들이 아주 많지요. 바닷속에서 마음껏 아름다움을 뽐내는 상어들을 소개할게요.

미흑점상어와 노랑꼬리물퉁돔이 함께 먹이를 먹고 있어요.

갓 태어난 새끼 포트잭슨 괭이상어는 몸길이가 약 15~19센티미터밖에 안 돼요.

맹그로브숲은 더운 지역의 바닷가에서 발달해요. 새끼 레몬상어들이 나무 아래서 마음껏 놀 수 있지요.

백상아리가 먹잇감을 잡으러 물 위로 뛰어올랐어요.

장완흉상어는 호기심이 많고 대담해요. 조심하지 않으면 잠수부들을 공격할 때도 있답니다.

고래상어의 입은 1.4미터나 돼요. 자동차 너비와 비슷하지요.

새끼 뿔상어가 소라처럼 생긴 알상자에서 부화하고 있어요.

귀상어는 조심성이 아주 많고, 사람을 피해 다닌답니다.

다 자란 백상아리는 몸이 사람 키보다 세 배나 더 길어요.

다 자란 뭉툭코여섯줄가미상어는 길이가 4.8미터나 돼요. 고래와 바다표범, 가오리, 상어 등 다양한 바다 생물들을 잡아먹어요.

대서양수염상어는 주둥이로 모래를 파헤치며 먹이를 찾아요.

백기흉상어들이 떼 지어 먹이를 찾고 있어요.

# 3 상어가 사는 세상

# 고대부터 오늘날까지 상어 분류하기

## 경골어류와 연골어류
4억 년 전, 물고기처럼 생긴 생물은 딱딱한 뼈를 가진 경골어류와 물렁물렁한 뼈를 가진 연골어류로 갈라져서 오늘날까지 이어지고 있어요. 지금까지 남아 있는 연골어류는 상어, 홍어, 가오리 등이 있어요.

## 상어의 복잡한 진화 과정
상어는 약 4억 년 동안 턱뼈가 있는 동물인 유악류에서 진화하여 오늘날 상어의 모습이 되었어요.

유악류 — 연골어류 — 전두어아강 / 판새아강(클라도셀라케 하강, 제나칸투스 하강, 유셀라키이 하강) — 극어류 — 진구류 — 경골어류(육기어류, 조기어류)

상어상목: 은상어목, 흉상어목, 악상어목, 수염상어목, 괭이상어목, 톱상어목, 전자리상어목, 돔발상어목, 신락상어목

가오리상목

## 예전 모습 그대로
고대 상어도 오늘날 상어처럼 이빨이 수시로 빠지고 새로 났어요. 오늘날 상어와 대부분 생김새도 비슷해요.

## 플레시오사우루스와 상어
8500만 년 된 플레시오사우루스* 화석에 박힌 이빨은 고대 상어가 공격한 흔적이에요.

## 돌리오두스 프로블레마티쿠스
가장 오랫동안 온전한 상태로 남아 있는 상어 뼈 화석이에요. 무려 4억 년 전에 살았대요.

## 상어는 공룡보다도 2억 년이나 먼저 살았어요.
무려 4억 년 동안이나 바다를 지배해 왔지요. 하지만 역사 속에서 상어의 흔적을 찾기란 쉽지 않아요. 상어의 물렁물렁한 뼈가 화석으로 남는 일이 드물기 때문이에요. 다행히 남아 있는 이빨, 비늘, 가시 화석으로 먼 옛날 상어에 대해 추측하고 있어요. 바위에서 발견된 비늘 화석으로 4억 5500만 년 전 지구에 상어가 살았다는 사실을 알아냈답니다.

*플레시오사우루스: 선사 시대 바다 파충류인 수장룡의 대표 종. 목이 뱀처럼 길고 노처럼 생긴 지느러미가 있다.

### 괴물 상어, 메갈로돈

백상아리 같은 사나운 상어도 고대의 거대한 상어 메갈로돈을 보면 아마 덜덜 떨 거예요. 과학자들은 화석으로 남은 메갈로돈의 이빨을 보고 최대 길이 18.2미터, 몸무게 25톤 정도일 거라고 계산했어요.

## 숫자로 알아보아요!

**1500여 종** — 오늘날 살고 있는 연골어류의 종 수.

**600여 종** — 오늘날 살고 있는 연골어류 중 가오리와 홍어의 종 수.

**3000여 종** — 지금까지 화석으로 발견된 상어의 종 수.

**450~500여 종** — 오늘날 살고 있는 상어의 종 수.

**잠깐 상식!** 메갈로돈 화석에서 발견된 가장 큰 이빨의 길이는 18.4센티미터나 돼요.

# 모두 나와라, 별난 상어 총출동!

**상어는 날쌔고, 힘이 세며, 아름답기까지 해요.**
하지만 어떤 무리든 톡톡 튀는 괴짜들이 있기 마련이죠! 여기서 소개하는 별난 상어들처럼요!

### 마귀상어
깊은 바닷속, 피부가 축 늘어진 분홍색 마귀상어가 먹잇감을 기다리고 있어요. 먹잇감이 가까이 오면 피부 속에 감춰진 턱이 순식간에 튀어나와 덥석 덮친답니다.

### 톱상어
톱상어는 엄마 배 속에 있을 때부터 이빨이 자라요. 다행히 태어날 때까지는 이빨이 누워 있어서 엄마 상어가 다치지 않아요.

### 그린란드상어
물가에 있는 순록을 잡아먹을 정도로 몸집이 큰 그린란드상어는 움직임도 느려요. 하지만 살에 독이 있어 적들로부터 몸을 지키며 오래 살아요.

**잠깐 상식!** 레몬상어는 고양이보다 80배나 더 빨리 배워요. 그만큼 더 똑똑하다는 거죠.

## 검목상어

턱 아래 목둘레를 빼고 몸에서 빛을 내요. 컴컴하고 깊은 바닷속에서 위로 올려다보면 작은 물고기처럼 보인답니다. 자기를 잡아먹으려고 다가오는 먹잇감 주위를 빙글빙글 돌다가 공격해요.

## 랜턴상어

어떤 상어는 반딧불이처럼 빛을 내요. '생물 발광'이라고도 하지요. 배 부분이 빛나기 때문에 아래에서 올려다봐도 햇빛과 뒤섞여 눈에 띄지 않아요.

## 주름상어

먼 옛날부터 생김새에 변화가 거의 없어 살아 있는 화석이라고 불려요. 오징어를 먹고 살고, 2미터까지 자라요.

## 그 밖의 별난 상어들

- 장완흉상어는 거두고래와 함께 어울리며 사냥해요.
- 청상아리는 몸이 밝은 푸른색 또는 보라색이에요.
- 융단상어는 바다 밑바닥에 감쪽같이 숨어요. 등에 난 무늬 때문에 모래나 암초 주변에서도 잘 보이지 않지요.
- 황소상어는 강에서 살아요. 아마존강이나 미시시피강을 따라 헤엄쳐 올라가지요.

## 전자리상어

모래 밑에 숨어 꼼짝 않고 있으면서 먹이가 헤엄쳐 올 때까지 기다리고 또 기다려요. 어떨 때는 몇 주나 기다린답니다.

# 상어는 정말 사람을 공격할까요?

잠수부가 상어에게 먹이를 주다가 물리고 말았어요. 상어를 자극했거든요.

## 으앗, 상어에게 물렸다고요?

상어는 대부분 사람들이 재미로 만지려고 하거나, 먹이를 주려고 너무 가까이 다가가면 공격해요. 상어뿐만 아니라 어떤 야생 동물이라도 놀라게 하면 물 수 있지요. 상어는 장난감이 아니랍니다! 다만 바닷가에서 수영을 하다가 상어의 공격을 받는 경우도 있어요. 백상아리, 뱀상어 등은 해안가에서 커다란 먹잇감을 사냥해요. 이때 얕은 바다에서 수영하는 사람을 먹잇감으로 착각하고 무는 거예요. 그러니 해변에서 수영할 땐 항상 조심하세요!

## 상어의 공격을 받아 생긴 사고 중 대부분은 피해가 크지 않아요.

과학자들과 의사들은 상어에게 다친 정도를 더 정확하게 구분하기 위해 상처의 등급을 매겼답니다. 가볍게 긁힌 정도인 1단계부터 목숨을 위협할 정도인 5단계로 나누었지요.

상어가 사람들을 공격하는 경우는 크게 세 가지가 있어요. 하나는 얕은 바다에서 수영하는 사람들을 무는 거예요. 파도의 부글거리는 공기 방울 때문에 수영하는 사람을 먹잇감으로 착각했기 때문이지요. 주로 발 쪽을 무는데 상어는 물자마자 실수인 걸 알아차리고 가 버린답니다. 이 경우 대개 상처는 크지 않아요.

상어는 자기들이 사는 영역에서 위협을 느꼈을 때 사람들을 공격하기도 해요. 주위를 돌면서 툭툭 건드리다가 덮치지요. 가장 위험한 상황은 아무런 경고 없이 사람을 무는 거예요. 상처가 심해서 목숨을 잃을 수도 있어요. 그렇지만 상어에게 물릴 확률은 하늘에서 떨어지는 번개에 맞을 확률보다 훨씬 적어요.

**많은 상어들이 배를 채우고 나면 며칠, 심지어 몇 주 동안 먹지 않아요.**

### 상어가 사람을 죽일 확률

상어가 사람을 죽일 때도 있어요. 하지만 그건 아주 드문 일이에요. 상어에게 물려서 죽는 것보다 차라리 아래의 일들이 일어날 확률이 더 높다고요!

- 오디션에서 1등 할 확률
- 싱크홀*에 빠져 죽을 확률
- 벼락에 맞을 확률
- 독감으로 죽을 확률
- 사슴의 뿔에 받혀 죽을 확률
- 골프장에서 공이 한 번에 구멍에 들어갈 확률
- 물에 빠져 죽을 확률
- 악어에게 공격당할 확률
- 변기를 고치다 다칠 확률
- 거미에게 물릴 확률
- 폭죽 때문에 죽을 확률
- 발가락을 찧을 확률
- 넘어져서 죽을 확률
- 프로 축구 선수가 될 확률
  ⋮

※ 참고: 확률이 높거나 낮은 순서는 아니에요.

### 누가 더 위험한가요?

상어는 사람을 죽이는 괴물처럼 그려져요. 하지만 아래 사실을 보니 바다에서 가장 위험한 존재는 우리 인간인 것 같군요.

**0~5명**
일 년에 상어의 공격으로 죽는 사람 수.

**70,000,000~100,000,000마리**
매년 사람 때문에 죽는 상어의 수.

배고픈 상어에게 튜브에 타고 있는 사람은 꼭 맛있는 바다표범처럼 보여요.

---

**잠깐 상식!** 딱딱한 뼈로 이루어진 경골어류는 뼈가 물렁한 상어보다 몸무게당 두 배나 더 많이 먹어요.

*싱크홀: 땅이 꺼지면서 생긴 커다란 웅덩이.

# 상어 연구하기

### 상어 연구는 아주 어려워요.
상어는 깊은 바다의 어둠 속에 숨어 수백, 수천 킬로미터를 돌아다니니까요. 그래서 과학자들은 상어를 따라다니며 연구할 수 있는 기술들을 개발했어요.

### 꼬리표 달고 술래잡기
과학자들은 위성 추적 꼬리표를 이용해서 상어를 쫓아요. 이 꼬리표가 실시간으로 상어의 위치를 알려 주지요. 덕분에 과학자들은 상어의 위치, 이동 거리, 방향, 수영 속도 등 상어에 대한 최신 정보를 얻을 수 있어요. 바다의 깊이나 바닷물의 온도와 같은 데이터를 저장하는 꼬리표도 있어요. 상어의 몸에 붙여서 정보를 얻지요.

장완흉상어 암컷이 과학자를 요리조리 들여다보고 있어요.

### 카메라로 촬영하기
과학자들은 바닷속으로 직접 들어가거나 먹이를 담은 깡통에 카메라를 붙여서 상어를 촬영하기도 해요. 상어의 생생한 모습을 담거나 특정한 장소에 상어가 몇 마리나 사는지 알고 싶을 때 활용되지요. 가끔은 상어의 새로운 모습을 보기도 한답니다.

### 유전자 정보 조사하기
상어를 조사할 때 DNA*에 들어 있는 유전 정보를 분석하기도 해요. 과학자들이 서로 멀리 떨어진 인도양, 태평양, 카리브해에서 사는 고래상어 DNA를 비교했더니 모두 비슷한 DNA를 갖고 있었어요. 이렇게 해서 상어가 아주 멀리 이동한다는 사실을 알게 되었답니다.

*DNA(디엔에이): 생명체의 유전 정보를 저장하고 있는 물질.

## 탐험가 인터뷰

남아프리카 바다에서 돌고래 사진을 찍고 있을 때였어요. 난데없이 백상아리 한 마리가 나타났지 뭐예요. 멀찍이서 우리를 지켜봤던 것 같아요. 마침 우리는 보호 철창 밖에 있었기 때문에 서로 등을 맞대고 이쪽저쪽을 살폈지요. 호기심 많은 백상아리는 우리 주위로 넓게 원을 그리며 돌더니 유유히 사라졌답니다.

**잠깐 상식!** 곱상어는 100살도 넘게 살 수 있어요.

오스트레일리아에 있는 세계 최대 산호초 지대에서 과학자들이 뱀상어 등지느러미에 위성 추적 꼬리표를 붙이고 있어요.

## 상어보다 무서운 고래

사나운 백상아리도 범고래를 보면 겁이 나는가 봐요. 범고래 한 마리가 백상아리를 공격하는 걸 보고 그 지역의 모든 백상아리들이 몇 주 동안 숨어서 나타나지 않았대요.

다 자란 범고래 수컷은 몸길이가 5.8~6.7미터 정도예요. 커다란 백상아리 크기와 비슷하지요.

## 먹는 방법

상어는 세상에 나오자마자 헤엄치고 깊이 잠수하고 사냥도 할 수 있어요.

그래서 새끼 상어들도 천적들로부터 자기를 지킬 수 있지요. 하지만 사람은 상어와 달라요. 혼자서 먹고 입고 씻기까지 꽤 시간이 걸린답니다. 또 어떤 점이 다른지 살펴볼까요?

# 상어 vs 사람
# 얼마나 다를까요?

**공포의 지느러미!**
커다란 백상아리의 등지느러미는 높이가 1미터도 넘어요. 다섯 살짜리 아이의 키보다도 커요!

상어는 대부분 먹이를 씹지 않고 통째로 삼켜요. 우리가 상어처럼 피자를 꿀꺽 삼킨다고 생각해 보세요. 정말 대단하지요?

## 임신하는 기간

사람의 임신 기간은 약 40주예요.
산호상어는 52주 동안 임신해요.

## 후각

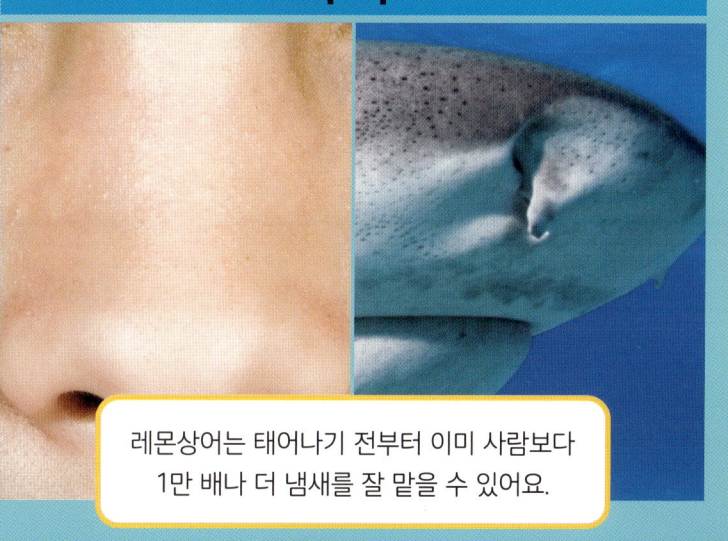

레몬상어는 태어나기 전부터 이미 사람보다
1만 배나 더 냄새를 잘 맡을 수 있어요.

## 피부 느낌

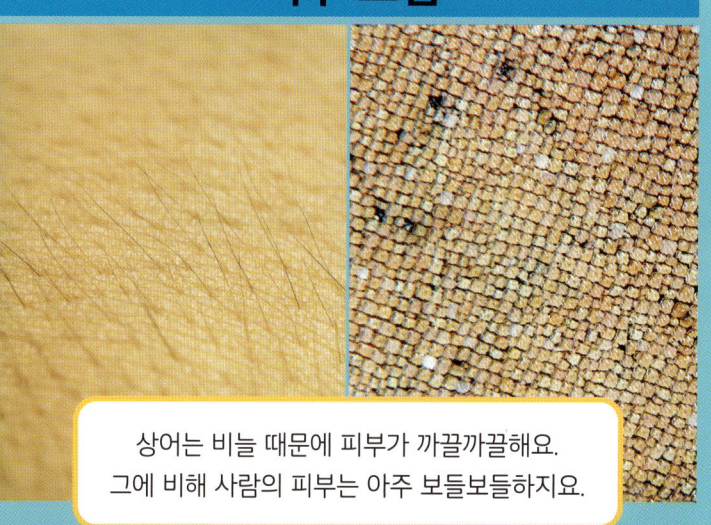

상어는 비늘 때문에 피부가 까끌까끌해요.
그에 비해 사람의 피부는 아주 보들보들하지요.

## 영구치

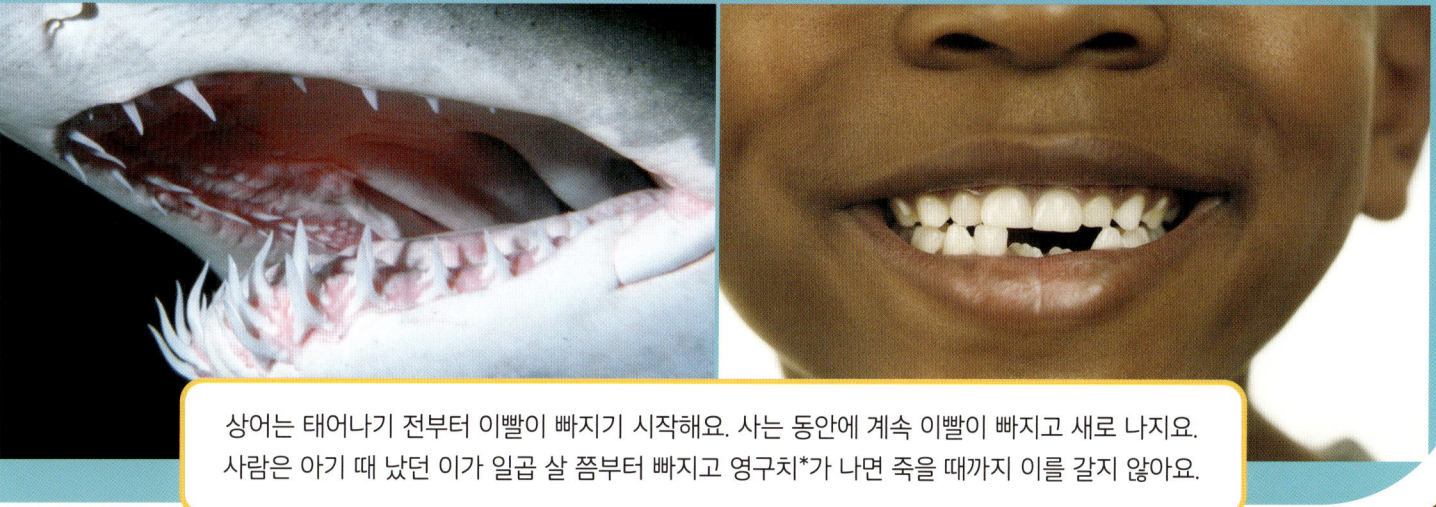

상어는 태어나기 전부터 이빨이 빠지기 시작해요. 사는 동안에 계속 이빨이 빠지고 새로 나지요.
사람은 아기 때 났던 이가 일곱 살 쯤부터 빠지고 영구치*가 나면 죽을 때까지 이를 갈지 않아요.

*영구치: 아기 때 났던 이(젖니)가 빠지고 새로 나는 이와 뒤어금니. 평생 사용하는 이다.

어수룩해 보이는 생김새에 속아 가까이 가면 안 돼요! 레몬상어에게 다가갔다가 잘못하면 물릴지도 몰라요.

# 4 재미있는 상어 정보

# 상어는 얼마나 빠를까요?

어떤 상어들은 깜짝 놀랄 만큼 빠른 속도로 먹이를 쫓아요.

하지만 사냥하지 않을 때는 시속 약 2.4킬로미터 정도로 느긋하게 돌아다니지요.

여러분과 상어가 수영 시합을 한다면 어떨까요? 수영이라면 자신 있다고요? 글쎄요, 실력을 확인해 볼까요? 다음은 여러 종류의 상어가 **5초 동안** 나아가는 거리랍니다!

### 레오파드상어, 2.7미터
탁구대의 세로 길이와 비슷한 거리예요.

### 넓은주둥이상어, 1.3미터
4~5.5미터나 되는 큰 몸집으로 느긋하게 수영해요. 초등학교 3학년 남자아이의 평균 키와 비슷한 거리를 헤엄치는 거예요.

0미터        5미터

**청상아리, 73미터**
축구장 양쪽 골대의 거리와 비슷하답니다.

**백상아리, 56미터**
야구장 1루에서 3루까지 거리랍니다.

**청새리상어, 53미터**
심판이 깃발을 올리며 "상어가 나타났다!"라고 말하기도 전에 축구장을 절반도 넘게 가로지를 수 있는 속도지요.

**12세 어린이, 6.1미터**
배드민턴 네트 길이 정도 되겠네요.

### 상어의 미끼가 되지 않으려면…

우연이라도 상어와 마주치고 싶지 않다면 전문가들이 말하는 다음 규칙을 꼭 지켜야 해요.

- 항상 사람들과 함께 무리 지어 있고, 혼자서 멀리까지 헤엄쳐 가지 않는다.
- 해가 질 무렵 또는 밤에 바닷가에서 수영하지 않는다.
- 상어를 발견하면 바로 물 밖으로 나와 주변에 알린다.
- 바닷가에서 수영할 때에는 밝은색 옷을 입거나 반짝거리는 장신구를 착용하지 않는다.
- 바다표범이나 바다사자 무리, 물고기 떼가 자주 나타나는 곳에서는 수영하지 않는다.
- 상어를 만지거나 먹이를 주지 않는다.
- 몸에서 피가 날 때는 물속에 들어가지 않는다.
- 낚시하는 곳 주변에서 수영하지 않는다.

**잠깐 상식!** 상어는 대부분 주위의 온도에 따라 체온이 변하는 변온동물이에요.

50미터　　　55미터　　　73미터

# 꼭꼭 숨은 상어를 찾아보아요

바위, 모래, 산호 속에 감쪽같이 숨은 상어들을 찾아보세요.
주변과 똑같은 색으로 위장해서 찾기 어려울지도 몰라요. 얼룩이나 반점, 줄무늬 등도 물속으로 들어오는 햇빛과 그림자를 흉내 낸 거예요.

❶ 남태평양에서 발견되는 오르네이트웨베공.

❷ 몸을 말아 방어 자세를 하고 있는 펍에더샤이샤크.

❸ 모래 밑에 숨어 있는 태평양전자리상어. 먹잇감을 공격할 기회를 엿보고 있어요.

❹ 바위에 몸을 숨기고 있는 복상어.
❺ 주변 환경과 비슷해지려고 몸 색깔을 바꾼 인도네시아얼룩무늬수염상어.

❻ 밤하늘의 별 같은 고래상어의 점무늬. 바닷속으로 들어오는 빛을 퍼트려서 천적이 고래상어를 알아보기 어렵게 해요.

**잠깐 상식!** 검목상어는 몸 크기에 비하여 이빨이 가장 큰 상어예요.

# 인류 역사 속 상어

**상어는 언제부터 두려움의 대상이었을까요?**

옛날 사람들은 상어를 두려워하기보다 숭배*했어요. 그런데 인터넷과 뉴스 등에서 상어에게 물린 사건을 크게 다루면서 상어에 대한 잘못된 정보가 퍼졌어요. 그 바람에 사람들이 상어에 대해 잘못 알게 되었지요.

영화나 책, 텔레비전 프로그램 등에서는 상어의 크고 무시무시한 둥근 입을 강조해요. 그러면서 상어를 사람을 잡아먹으려고 어슬렁대는 괴물로 여기게 했지요.

하지만 역사 속에서 상어는 명예로운 장소를 지키는 신비한 동물이었어요. 하와이, 아프리카, 오스트레일리아 원주민의 전통문화와 예술에서는 부족을 상징하는 대표 동물로 상어가 종종 등장하지요. 멕시코에서는 아스테카 신전* 아래에 묻혀 있는 황새치, 상어, 가오리가 발견된 적도 있어요.

솔로몬제도에서 발견된 상어 조각품. 여기서 상어는 존경받는 동물이에요.

영화 「니모를 찾아서」, 「죠스」에서 상어는 각각 다른 모습으로 그려져요.

**잠깐 상식!** 상어는 몸집이 아주 큰 물고기로 알려졌지만, 사실 대부분 야구 방망이 크기밖에 안 돼요.

*숭배: 우러러 공경함.　　*아스테카 신전: 멕시코에 있는 피라미드 모양의 종교 건축물.

## 감자로 만든 상어 도장

알록달록 나만의 상어 도장을 만들어 봐요.

물감 　　조각칼 또는
　　　　플라스틱 칼

감자　　종이 　　붓

1. 어른에게 부탁해서 감자를 반으로 잘라요.

2. 자른 면에 아래 그림을 참고해 상어를 그린 다음 선을 따라 칼로 파내요. 상어 모양을 파내도 되고, 상어 모양만 빼고 배경을 파내도 돼요.

3. 감자 도장 단면에 붓으로 물감을 발라요.

4. 종이에 대고 찍으면 완성!

5. 공책이나 일기장, 메모지에 찍어 보세요. 다 쓴 감자 도장을 먹으면 안 돼요!

*조각칼을 사용할 때는 반드시 어른과 함께 하세요.

이 상어는 영화 촬영을 위해 만든 가짜예요.

## 상어를 안전하게 볼 수 있는 곳

서울 코엑스 아쿠아리움, 대전 아쿠아월드, 부산 아쿠아리움, 여수 아쿠아플라넷 등의 대형 아쿠아리움에서는 상어를 볼 수 있어요. 우리 동네에서 가까운 수족관을 알고 싶다면 한국동물원수족관협회 홈페이지(www.kaza.co.kr)에 들어가 보세요!

# 가까이에서 상어 관찰하기

## 상어를 눈앞에서 보고 싶다면 아쿠아리움에 가 보세요.

아쿠아리움은 물속에 사는 동식물을 직접 보거나 체험할 수 있게 대형 수족관을 설치한 전시관이지요. 과학자들도 아쿠아리움에서 상어의 행동과 먹이, 먹이를 먹는 방식, 번식 방법 등을 배운답니다.

전 세계 유명 아쿠아리움에서는 상어를 알고 싶어 하는 관람객들을 위해 여러 가지 프로그램을 운영하고 있어요. 마카오에 있는 창롱 오션 킹덤에서는 고래상어 앞에서 텐트를 치고 하룻밤을 보낼 수 있어요. 미국의 조지아 아쿠아리움에서는 직접 잠수복을 입고 고래상어, 귀상어 등과 함께 헤엄칠 수 있지요. 상어가 물까 걱정할 필요는 없어요. 안전 요원들이 상어를 잘 감시할 뿐만 아니라, 상어들도 사람들에게 익숙해 함부로 잡아먹으려고 하지 않으니까요.

관광객들이 아쿠아리움에서 머리 위를 지나가는 멋진 상어들을 보고 있어요.

## 꼬리지느러미 모양도 제각각

상어의 꼬리지느러미는 상어가 사는 모습을 말해 줘요. 총알처럼 재빠른 상어는 뻣뻣하고 깊게 갈라진 꼬리를, 눈에 띄지 않게 바다 밑을 떠도는 상어는 파도처럼 물결치는 유연한 꼬리를 가졌지요. 다음 사진을 보고 각 상어의 수영 방식과 꼬리를 연결해 볼까요? 힌트! 몸의 무늬를 잘 비교해 보세요.

**청상아리**: 매우 빠르게 헤엄쳐요.
**뿔상어**: 바다 밑바닥에 살아요.

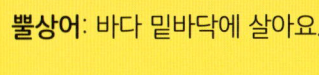

**두톱상어**: 느리게 수영해요.
**청새리상어**: 빠르게 질주해요.

**주름상어**: 느릿느릿 움직여요.
**백기흉상어**: 수영에 서툴러요.

**잠깐 상식!** 영국 스코틀랜드 딥 씨 월드에 있는 상어 터널은 길이가 112미터나 돼요. 축구 경기장보다도 길지요.

정답: ❶-청새리상어, ❷-청상아리, ❸-백기흉상어, ❹-뿔상어, ❺-두톱상어, ❻-주름상어

# 탐험가가 들려주는 뒷이야기

**상어의 사진을 찍으려면 계획을 치밀하게 짜야 해요.**

그리고 짐을 잔뜩 챙겨서 사람들이 많지 않은 먼 바다까지 간 다음 하루에 몇 시간씩 몇 주 동안 물속에서 보내지요. 사진작가들은 사진을 찍을 바닷속 환경과 그곳에 사는 상어의 종류, 얕은 바다와 깊은 바다 중 어느 곳을 조사할지, 사진을 찍기 위해 필요한 장비가 무엇인지를 잘 알고 있어야 해요.

상어 가까이에서 사진을 찍으려면 몸을 많이 움직여야 해요. 무거운 카메라와 장비들을 직접 들고 다니며 물속을 헤엄치거나 바위투성이 해안가를 기어오르고 모래 해변을 걸어야 하지요. 그만큼 체력과 인내심이 필요하답니다.

이렇게 모든 준비를 마치고 기다려도 상어가 나타나지 않을 때가 있어요. 상어를 직접 만나기란 그만큼 어려운 일이지요. 하지만 운 좋게 사진에 담은 상어의 멋진 모습은 사람들이 상어를 새로운 눈으로 볼 수 있게 해 줘요. 그 즐거움에 우리는 계속해서 상어 사진을 찍는답니다!

멕시코 주변 바닷속 동굴에서 잠자는 흉상어 한 마리를 발견했어요. 탐험가 데이비드 두빌레가 이 마법 같은 순간을 포착했답니다.

# 상어를 지켜 주세요

**바다 생태계를 유지하려면 상어가 꼭 있어야 해요.**

지난 4억 년 동안 상어는 바다의 생태계\*를 멋지게 만들어 왔어요. 화산이 폭발하고, 지구가 얼어붙고, 온갖 재해가 일어났을 때에도 상어는 멸종되지 않고 잘 견뎌 왔지요. 그런데 오늘날 이 상어들이 점점 사라지고 있어요. 바로 사람 때문이에요.

사람들은 상어의 지느러미, 고기, 가죽, 간의 기름, 연골, 이빨 등을 얻으려고 한 시간에 1만 마리가 넘는 상어들을 잡아요. 상어 간의 기름과 연골이 몸에 좋다고 광고하는 건강식품들이 수없이 만들어졌지요. 또 상어 지느러미는 고급 음식 재료로 인기가 많아서 어부들이 귀상어, 청새리상어, 청상아리, 돌묵상어, 곱상어 등의 지느러미만 잘라 내고 다시 바다에 버리는 끔찍한 짓을 일삼고 있답니다.

아직까지 상어를 보호할 수 있는 국제적인 법은 없어요. 그래서 상어를 사냥하는 어부는 점점 늘어나고, 상어의 수는 빠르게 줄어들고 있지요. 이미 멕시코 주변 바다에 사는 상어의 대부분이 없어졌고, 대서양 북서부 지역에 사는 상어의 절반 이상이 사라졌어요. 유럽의 남쪽 지중해에서는 상어와 가오리가 절반 가까이 줄어들어 멸종 위기에 처해 있답니다.

\*생태계: 어떤 장소에서 서로 영향을 주고 받으며 살아가는 생물과 환경 전체.

**장완흉상어는 지난 60년간 98%가 줄어들었어요. 세계자연보전연맹(IUCN)에서는 이 상어를 가장 큰 위험에 처한 멸종 위기 동물로 분류했어요.**

## 상어의 친구가 되어 주세요!

상어에게 일어난 일을 보니 속상하다고요? 그건 과학자들도 마찬가지예요. 상어를 위해 나서는 정부와 시민들이 많지 않아요. 게다가 아직도 많은 사람들이 상어가 사람들의 목숨을 위협하는 무서운 동물이라고 생각하지요. 하지만 수백만 마리의 상어가 여러분의 보호를 필요로 해요. 수년 전에 사람들이 고래를 보호하기 위해 여러 가지 노력을 했고 성공했어요. 이젠 상어를 구할 차례예요!

웨일타임스\*와 상어 연구소는 상어를 구하기 위해서 함께 핀타스틱 프라이데이(Fintastic Friday)를 정했어요. 매년 5월 둘째 주 금요일마다 상어 보호 표지판을 만들어 집이나 학교에 전시하거나 상어 연구가들에게 편지를 보내는 등 다양한 활동으로 상어를 보호하는 운동이지요. 세계자연기금(WWF)도 상어 보호를 위한 캠페인을 벌이고 있어요. 전 세계 1억 마리의 상어가 더 이상 사라지지 않으려면 그 무엇보다 여러분의 관심이 필요하답니다.

\*웨일타임스: 어린이들에게 바다에 대한 여러 가지 정보를 알려 주고 바다의 중요성을 가르치는 단체.

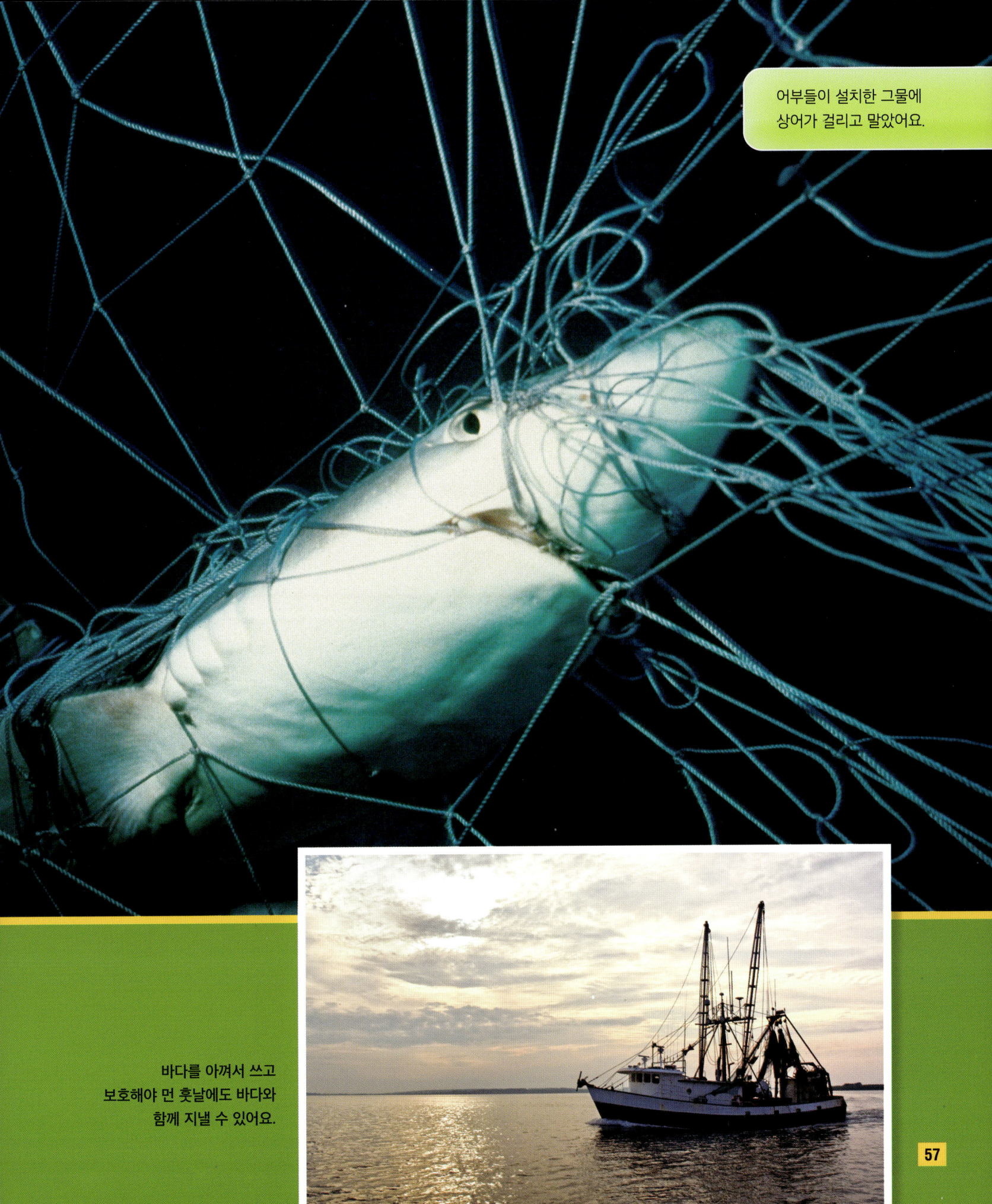

어부들이 설치한 그물에 상어가 걸리고 말았어요.

바다를 아껴서 쓰고 보호해야 먼 훗날에도 바다와 함께 지낼 수 있어요.

미흑점상어의 피부에는 비늘이 아주 빼곡해서 손으로 만지면 비단처럼 매끄러워요. 그래서 영어 이름이 실키샤크(silky shark)예요.

# 도전! 상어 박사
# 퀴즈를 풀며 용어를 익혀요

청줄돔 떼가 레몬상어를 보고 황급히 흩어지고 있어요.

여러분의 상어 지식을 확인할 시간! 다음 용어의 뜻을 잘 읽고 표시된 페이지로 가서 쓰임을 확인하세요. 이어지는 퀴즈까지 맞혔다면, 여러분을 상어 박사로 인정합니다!

### 1. 연골어류
물렁물렁한 뼈로 이루어진 물고기. 딱딱한 뼈로 이루어진 물고기는 경골어류라고 한다. (11, 34쪽)

**다음 중 연골어류는 무엇인가요?**
a. 상어
b. 금붕어
c. 정어리
d. 고등어

### 2. 로렌치니 기관
상어 몸의 전류 감지 기관. 먹잇감의 몸에서 나오는 미세한 전류를 느껴 찾아낸다. (25쪽)

**로렌치니 기관은 상어 몸 어디에 있나요?**
a. 등지느러미
b. 코와 주둥이 주변
c. 배
d. 꼬리지느러미

### 3. 아가미구멍
입이나 숨구멍으로 들어간 물이 몸 밖으로 나오는 구멍. 물고기가 숨 쉴 때 필요하다. (19쪽)

**상어는 몸 양쪽에 몇 개의 아가미구멍이 있나요?**
a. 1~3개
b. 5~7개
c. 8~10개
d. 11~13개

### 4. 옆줄
상어 몸 양쪽에 길게 이어진 관. 액체로 차 있다. (24쪽)

**상어가 옆줄로 느낄 수 있는 것은 무엇인가요?**
a. 맛
b. 번쩍이는 빛
c. 먹잇감의 움직임
d. 전류

### 5. 위장
동물이 몸을 숨기거나 눈에 띄지 않게 환경과 비슷한 색깔, 무늬, 형태를 가지는 것 (48, 49쪽)

**다음 중 밤하늘의 별 같은 점무늬로 위장하는 상어는 무엇인가요?**
a. 복상어
b. 인도네시아얼룩무늬수염상어
c. 태평양전자리상어
d. 고래상어

### 6. 지느러미
상어가 위로 떠오르거나 물을 가르며 앞으로 나아가게 하는 것 (19, 53쪽)

**깊게 갈라진 꼬리지느러미 모양으로 총알처럼 재빠르게 헤엄치는 상어는 무엇인가요?**
a. 청상아리
b. 뿔괭이상어
c. 두툽상어
d. 주름상어

### 7. 난생
어미가 낳은 알에서 새끼가 자라는 것. 상어는 난생, 태생, 난태생의 세 가지 방식으로 태어난다. (22, 23쪽)

**다음 중 난생인 상어는 무엇인가요?**
a. 곱상어
b. 청새리상어
c. 괭이상어
d. 귀상어

### 8. 위성 추적 꼬리표
바닷속에서 빠르게 헤엄치는 상어를 따라가기 위해 상어의 몸에 붙이는 것 (40쪽)

**상어 몸에 붙인 위성 추적 꼬리표로 알아낼 수 없는 것은 무엇인가요?**
a. 현재 위치
b. DNA
c. 이동 거리
d. 수영 속도

### 9. 영구치
평생 사용하는 이. 상어는 영구치가 나지 않는다. (29쪽)

**상어는 이빨이 빠지면 그 자리에 바로 다른 이빨이 자라요. 그렇다면 상어는 평생 몇 개의 이빨이 빠질까요?**
a. 30개
b. 300개
c. 3000개
d. 30,000개

### 10. 아쿠아리움
물속에 사는 동식물을 직접 보거나 체험할 수 있게 대형 수족관을 설치한 전시관 (53쪽)

**아쿠아리움에서 상어에 대해 연구할 수 없는 것은 무엇인가요?**
a. 상어의 행동
b. 멸종된 상어의 수
c. 먹이를 먹는 방식
d. 번식 방법

정답 1-a, 2-b, 3-b, 4-c, 5-d, 6-a, 7-c, 8-b, 9-d, 10-b

# 찾아보기

## ㄱ
가다랑어 28
가시돔발상어 14
가오리 35, 56
간 18
건강식품 56
검목상어 29, 37
경골어류 11, 34
고대 상어 34
고등어 26
고래상어 12
곱상어 22
공격 39
귀상어 31
그린란드상어 15, 36
극지방 15
금붕어 10
꼬리지느러미 53

## ㄴ
난생 22
난쟁이투명상어 13
난태생 23
난황 22
넓은주둥이상어 17, 27, 46
노른자 23
뇌 19
눈 19

## ㄷ
대비 25
대서양수염상어 13, 15
도미 28
독감 39
돌리오두스 프로블레마티쿠스 34
돌묵상어 27
두툽상어 53
등지느러미 42

## ㄹ
랜턴상어 37
레드테일블랙샤크 11
레몬상어 14, 30
레오파드상어 14, 17, 46
로렌치니 기관 25

## ㅁ
마귀상어 36
맹그로브숲 30
먹장어 15
메갈로돈 35
멸치 26
모래 37
모래뱀상어 22, 28
몸매 19
무늬 53
뭉툭고여섯줄아가미상어 31
미끼 47
미흑점상어 30

## ㅂ
바다 생물 31
바다사자 47
바다표범 47
바닷새 15
반응 24
배드민턴 47
백기흉상어 53
백상아리 8, 14, 27, 30, 35
뱀상어 14, 27
뱀장어 28

범고래 13
벼락 39
변온동물 47
보닛헤드상어 16
복상어 49
부화 22
불가사리 29
비늘 43
빙하기 56
뿔상어 29, 31, 53

## ㅅ
사냥 56
사진작가 54
산호초 16
삿징이상어 14
상어 10
상어 보호 56
새우 29
생태계 56
성게 29
세계자연기금 56
세계자연보전연맹 56
수염 19
수염상어 27
순록 36
순막 19
숨구멍 19
스웰상어 12, 49
스피너상어 12, 15
실키샤크 59
싱크홀 39
쓰레기 21

## ㅇ
아가미구멍 11, 19
아열대 15
아쿠아리움 52
악어 39
알상자 31
암초 15
액체 24
야구 방망이 50
역그늘색 18
연골 56
연골어류 11, 34
열대 지역 5
영구치 43
옆줄 24
오르네이트웨베공상어 48
온대 15
위성 추적 꼬리표 40
유전자 40
이빨 8, 11
인도네시아얼룩무늬수염상어 49
인도양 15
임신 43
잉어과 11

## ㅈ
자연재해 56
잠수부 38
장완흉상어 30, 56
전류 25
전자리상어 37
정어리 26
젖니 43
주름상어 37, 53
지느러미 18, 53
지방 18

## ㅊ
천적 13
철창 13
청상아리 13, 53
청새리상어 53
청어 26

## ㅋ
카메라 40
큰투명상어 16

## ㅌ
태생 23
태평양 14
태평양전자리상어 48
턱 28
테슬드웨베공 14
톱상어 36

## ㅍ
파자마상어 15
펍에더샤이샤크 16, 48
포트잭슨갱이상어 30
플레시오사우루스 34
피부 18, 43
핀타스틱 프라이데이 56

## ㅎ
혀 19
홍살귀상어 14
홍어 35
화석 34
황소상어 37
후각 19
흑기흉상어 15, 16
희귀종 17

## 사진 저작권

COVER, © James D. Watt/ SeaPics.com; BACK COVER, (left), © mar_co/ pixabay; (right), © Mark Conlin/ V&W/ imagequestmarine.com; (bottom, left), © Don Hammond/ Design Pics Inc./ Alamy; 1, © Masa Ushioda/ CoolWaterPhoto.com; 2-3, © Bob Cranston/ SeaPics.com; 5, © James Watt/ Pacific Stock/ photolibrary.com; 6, © David Doubilet/ NationalGeographicStock.com; 7 (top), © Jason Tharp; 7 (bottom), © Rick Kleffel, The Agony Column, bookotron.com/agony; 8-9, © Stephen Frink/ Corbis; 10 (left), © Sergii Figurnyi/ Shutterstock, 10-11, © Mike Parry/ Minden Pictures/ NationalGeographicStock.com; 12 (left), © David Doubilet/ NationalGeographicStock.com, 12, (top, left), © Norbert Wu/ Minden Pictures, NationalGeographicStock.com; 12 (bottom, right), © Justin Duggan/ Newspix/ Rex/ Rex USA; 12-13 (all insets), © Hal_P/ Shutterstock; 13 (top, left), © Mark Conlin/ SeaPics.com, 13 (top, right), © Ronald C. Modra/ Sports Imagery/ Getty Images; 13 (center, left), © Mark Strickland/ SeaPics.com; 13 (bottom, left), © David Doubilet/ NationalGeographicStock.com, 13 (bottom, right), © Jason Tharp; 14 (center, left), © Teguh Tirtaputra/ Shutterstock; 14 (center), © Norbert Wu / Minden Pictures/ NationalGeographicStock.com; 14 (top, right), © Christophe Testi/ Shutterstock; 14 (center, right), © Rudie Kuiter/ SeaPics.com; 14 (bottom, far left), © Todd Winner/ IStockphoto; 14 (bottom, center left), © Chris Dascher/ IStockphoto; 14 (bottom, center), © Mark Doherty/ Shutterstock; 14 (bottom, center right), © Undersea Discoveries/ Shutterstock; 14 (bottom, far right), © Island Effects/ Shutterstock; 15 (top, left), © Nick Caloyianis/ NationalGeographicStock.com; 15 (top, right), © Andy Murch/ SeaPics.com; 15 (center, left), © Rich Carey/ Shutterstock; 15 (center), © Doug Perrine/ SeaPics.com; 15 (bottom, right), © Paul Nicklen/ NationalGeographicStock.com; 16 (background), © Bryan Tighe/ IStockphoto; 16 (left), © Masa Ushioda/ CoolWaterPhoto.com; 16 (bottom), © Ian Scott/ Shutterstock; 16 (right), © Doug Perrine/ SeaPics.com; 17 (left), © Chris Howes/ Wild Places Photography/ Alamy; 17 (right), © Bruce Rasner/ SeaPics.com; 18-19, © Masa Ushioda/ CoolWaterPhoto.com; 19 (bottom), © Doug Perrine/ SeaPics.com; 20-21, © Ralf Kiefner/ SeaPics.com; 22, © OSF/ Paul Kay/ Animals Animals; 23, © Doug Perrine/ SeaPics.com; 24, © Brian J. Skerry/ NationalGeographicStock.com; 25, © Masa Ushioda/ CoolWaterPhoto.com; 25 (right), © Jason Tharp; 26 (1), © Richard Herrmann/ Photolibrary/ Getty Images; 26 (5), © bernd.neeser/ Shutterstock; 26 (10), © Fiona Ayerst/ Shutterstock; 26 (18), © Anastasiya Igolkina/ Shutterstock; 26 (22), © Tier Und Naturfotografie/ J & C Sohns/ Getty Images; 26 (39), © Eric Isselée/ Shutterstock; 26 (43), © Vladimir Wrangel/ Shutterstock; 26 (49), © Aida Ricciardiello/ Shutterstock; 26 (58), © Rena Schild/ Shutterstock; 26 (65), © Ian Scott/ Shutterstock; 26 (73), © Vladimir Wrangel/ Shutterstock; 26 (78), © Nick Poling/ Shutterstock; 26 (80), © Hiroyuki Saita/ Shutterstock; 26 (81), © Luke Daniek/ IStockphoto; 26 (82), © Holger Mette/ IStockphoto; 26 (97), © Sue Flood/ The Image Bank/ Getty Images; 26 (right), © Brian J. Skerry/ NationalGeographicStock.com; 27 (bottom, left), © Fred Bavendam/ Minden Pictures/ NationalGeographicStock.com; 27 (center), © Doug Perrine/ SeaPics.com; 27 (top, right), © Dan Burton/ SeaPics.com; 28, © Jeff Rotman/ SeaPics.com; 29 (top, left), © Richard Herrmann/ Visuals Unlimited/ Getty Images; 29 (top, center), © Doug Perrine/ SeaPics.com; 29 (top, right), © Doug Perrine/ SeaPics.com; 29 (bottom, left), © Gwen Lowe/ SeaPics.com; 29 (bottom, center), © Michael S. Nolan/ SeaPics.com; 30 (top, left), © David Doubilet/ NationalGeographicStock.com; 30 (center, left), © Jason Edwards/ NationalGeographicStock.com; 30 (bottom, left), © David Doubilet/ NationalGeographicStock.com; 30 (top, right), © Brian J. Skerry/ NationalGeographicStock.com; 30 (bottom, right), © Brian J. Skerry/ NationalGeographicStock.com; 31 (top, left), © Reinhard Dirscheri/ Visuals Unlimited/ Getty Images; 31 (center, left), © Chris Newbert/ Minden Pictures/ NationalGeographicStock.com; 31 (bottom, left), © James R.D. Scott/ Flickr/ Getty Images; 31 (top, right), © Howard Hall/ SeaPics.com; 31 (center, right), © David Doubilet/ NationalGeographicStock.com; 31 (bottom, right), © Masa Ushioda/ CoolWaterPhoto.com; 32-33, © Ocean/ Corbis; 34 (top, left), © Christian Darkin/ Photo Researchers, Inc.; 34 (bottom, left), © Sergii Figurnyi/ Shutterstock; 34 (top, right), © Norbert Wu/ Minden Pictures/ National Geographic Stock; 34 (center, right), © Willyam Bradberry/ Shutterstock; 34 (bottom, right), © Tatiana Belova/ Shutterstock; 35 (left), © Bob Cranston/ SeaPics; 35 (top), © Christian Darkin/ Photo Researchers, Inc.; 36 (left), © Marty Snyderman/ SeaPics.com; 36 (top), © Sea Life Park/ Reuters/ Corbis; 36 (bottom, right), © Saul Gonor/ SeaPics.com; 37 (top), © Norbert Wu/ Science Faction Jewels/ Getty Images; 37 (center, right), © Espen Rekdal/ SeaPics.com; 37 (center, left), © Awashima Marine Park/ Getty Images; 37 (bottom), © John Muhilly/ SeaPics.com, 38, © Joshua Singer/ The Image Bank/ Getty Images; 39, © Erich Ritter/ IStockphoto; 40 (left), © Jason Tharp; 40 (right), © Brian J. Skerry/ NationalGeographicStock.com; 41 (top), © Doug Perrine/ SeaPics.com; 41 (bottom), © Ingrid Visser/ Hedgehog House/ Minden Pictures/ NationalGeographicStock.com; 42 (top), © Piotr Rzeszutek/ Shutterstock; 42 (bottom), © Brian J. Skerry/ NationalGeographicStock.com; 43 (top, left), © Rodger Klein/ 43 (top, right), © iofoto/ Shutterstock; 43 (center, far left), © Gelpi/ Shutterstock; 43 (center, center left) © Fiona Ayerst/ Shutterstock; 43 (center, center right), © Aaron Amat/ Shutterstock; 43 (center, far right), © Doug Perrine/ SeaPics; 43 (bottom, left), © Ross Isaacs/ SeaPics; 43 (bottom, right), © Jamie Grill/ Blend Images/ Corbis; 44-45, © Masa Ushioda/ CoolWaterPhoto.com; 46 (bottom, left), © Bruce Rasner/ Seapics; 46 (center, right), © Don Hammond/ Design Pics Inc./ Alamy; 46 (center, right), © Arco Images GmbH/ Alamy; 46-47 (center), © David B. Fleetham/ Photolibrary/ Getty Images; 46-47 (center, top), © Chris Dascher/ IStockphoto; 47 (top, inset), © Shaskin/ Shutterstock; 47 (right), © Mark Conlin/ SeaPics.com; 48 (top), © Gary Bell/ SeaPics.com; 48 (bottom, left), © Doug Perrine/ SeaPics.com; 48 (bottom, right), © Mark Conlin/ SeaPics.com; 49 (top, left), © Andy Murch/ Visual & Written SL/ Alamy; 49 (top, right), © DJ Mattaar/ Shutterstock; 49 (bottom), © Jonathan Bird/ SeaPics.com; 50 (bottom), © The Trustees of the British Museum/ Art Resource, NY; 50-51 (top), © Walt Disney/ Everett Collection; 51 (background), © loops7/ IStockphoto; 51 (bottom), © Universal/ The Kobal Collection; 51 (top, left) © Petrenko Andriy/ Shutterstock; 51 (top, right), © Finnbarr Webster/ Alamy; 51 (center, left), © STILLFX/ Shutterstock; 51 (center), © Spectral-Design/ Shutterstock; 51 (center, right), © STILLFX/ Shutterstock; 52, © Steve Estvanik/ Shutterstock; 53 (top, left), © Richard Herrmann/ Photolibrary/ Getty Images; 53 (top, center), © Richard Herrmann/ Visuals Unlimited/ Getty Images; 53 (center, left), © D.R. Schrichte/ SeaPics.com; 53 (center), © Masa Ushioda/ Stephen Frink Collection/ Alamy; 53 (bottom, left), © Awashima Marine Park/ Getty Images; 53 (bottom, center), © David Fleetham/ Visuals Unlimited/ Corbis; 53 (1), © Maurico Handler/ NationalGeographicStock.com; 53 (2), © Andy Murch/ imagequestmarine.com; 53 (3), © Chris and Monique Fallows/ OSF/ Photolibrary.com; 53 (4), © David Wrobel/ Visuals Unlimited/ Getty Images; 53 (5), © Andy Murch/ SeaPics.com; 53 (6), © Kelvin Aitken/ V&W/ imagequestmarine.com; 55, © David Doubilet/ NationalGeographicStock.com; 56, © Specialist Stock/ Corbis; 57, © Stephen B. Goodwin/ Shutterstock; 58-59, © Georgette Douwma/ Digital Vision/ Getty Images; 60, © Jim Roinson/ SeaPics.com.; 63, Willyam Bradberry/ Shutterstock

### 지은이 루스 A. 무스그레이브
상어와 다른 바다 생물들을 연구한다. 웨일타임스(Whale Times)의 이사로, 아이들과 바다의 생태와 미래에 대해 자주 이야기한다. 이 책을 쓰며 상어와 더욱 사랑에 빠졌고, 아이들이 상어와 더 친해질 수 있는 방법을 고민하고 있다.

### 지은이 데이비드 두빌레, 제니퍼 헤이즈
전 세계의 상어를 촬영하고 있다. 두빌레는 미국 뉴저지 해안에서 12살부터 바닷속 사진을 찍기 시작했다. 둘은 팀을 이루어 북아메리카의 카리브 제도, 오스트레일리아의 태즈메이니아, 인도네시아 바다까지 전 세계 바닷속을 탐험하고 있다.
홈페이지: www.daviddoubilet.com

### 옮긴이 조은영
어려운 과학책은 쉽게, 쉬운 과학책은 재미있게 옮기려는 과학도서 전문 번역가이다. 서울대학교 생물학과를 졸업하고, 같은 대학교 천연물과학대학원과 미국 조지아대학교에서 석사 학위를 받았다. 옮긴 책으로 『별별 상어와 동물들의 판타스틱 바다 생활』, 『생물의 이름에는 이야기가 있다』, 『우리가 지켜 줄게』, 『랜들 먼로의 친절한 과학 그림책』, 『오해의 동물원』, 『나무는 거짓말을 하지 않는다』, 『식물의 세계』, 『이토록 멋진 곤충』, 『웃기지만 진지한 초간단 과학 실험 70』과 「영국 자연사박물관의 애니멀 타임스」 시리즈 등이 있다.

### 감수 장이권
이화여자대학교 생명과학·에코과학부 교수, 이화여자대학교 자연사박물관 관장을 맡고 있으며, 진화적인 관점으로 동물의 행동과 생태를 연구하고 있다. 내셔널지오그래픽 탐험가로 활동하고, 2013년부터 '지구사랑탐사대'를 이끌며 시민들의 과학 활동을 연구한다. 현재 「동물의 행동」을 온라인으로 강의하며, 쓴 책으로 『야외생물학자의 우리 땅 생명 이야기』와 『자연덕후, 자연에 빠지다』가 있다.

NATIONAL GEOGRAPHIC KIDS EVERYTHING : SHARK
Copyright © 2011 National Geographic Partners, LLC.
Korean Edition Copyright © 2021 National Geographic Partners, LLC.
All rights reserved.
NATIONAL GEOGRAPHIC and Yellow Border Design are trademarks of the National Geographic Society, used under license.
이 책의 한국어판 저작권은 National Geographic Partners, LLC.에 있으며, (주)비룡소에서 번역하여 출간하였습니다.
저작권법에 의해 한국 내에서 보호를 받는 저작물이므로 무단 전재와 무단 복제를 금합니다.
ISBN 978-89-491-3216-7 74400 / ISBN 978-89-491-3210-5 (세트)